LE
MOUILLAGE DES VINS

AUX YEUX DE LA LOI
DE LA DOCTRINE ET DE LA JURISPRUDENCE

EXAMEN CRITIQUE
DU NOUVEAU PROJET DE LOI

PAR

Maurice SAVIGNON

Avocat à la Cour d'Appel de Paris

PARIS
IMPRIMERIE PAUL DUPONT
4, RUE DU BOULOI, 4

—

1894

LE MOUILLAGE DES VINS

LE
MOUILLAGE DES VINS

AUX YEUX DE LA LOI
DE LA DOCTRINE ET DE LA JURISPRUDENCE

—

EXAMEN CRITIQUE
DU NOUVEAU PROJET DE LOI

PAR

Maurice SAVIGNON

Avocat à la Cour d'Appel de Paris

—

PARIS

IMPRIMERIE PAUL DUPONT
4, RUE DU BOULOI, 4

—

1894

EXAMEN CRITIQUE

DU

NOUVEAU PROJET DE LOI

C'est un triple but que poursuit le Gouvernement
en déposant le projet de loi sur le mouillage qui
semble d'ailleurs avoir les plus grandes chances
d'être adopté par les Chambres : but moral, social
et économique tout à la fois.

Certes, nous y applaudissons de grand cœur,
rien n'est plus détestable que la fraude sous
toutes ses formes les plus multiples et les plus
variées, rien n'est plus susceptible de porter au
commerce honnête et probe un coup fatal. Frauder, pour un commerçant, c'est causer à ses
collègues, pour la satisfaction de sa cupidité
personnelle, un indéniable préjudice. Aussi, que

le législateur veuille moraliser le commerce, défendre le consommateur contre les tromperies d'un vendeur de mauvaise foi, rien de mieux et de plus louable ; mais il importe qu'il le fasse avec mesure et d'une main délicate ; car la limite est facile à franchir et, par un excès de rigueur, il peut non seulement compromettre le succès de son œuvre, mais encore porter atteinte aux principes inviolables de la liberté individuelle.

Il est incontestable, néanmoins, que le Gouvernement ait le droit, comme le devoir de se soucier de la santé du plus grand nombre et des intérêts des petites bourses, aussi, lorsqu'il est mû par cette généreuse pensée, devons-nous lui rendre un complet hommage.

Après ces éloges mérités nous sommes bien plus à l'aise pour présenter quelques observations juridiques, et même quelques critiques sur la législation qui régit la matière spéciale qui nous occupe, et sur le projet qui sera la loi de demain.

Il est tout d'abord fort curieux de remarquer que ceux-là qui semblent les plus acharnés à réclamer une loi de répression sont justement les mêmes qui les premiers ont commencé à frauder.

Il paraîtrait que les vins méridionaux n'auraient point eu ces dernières années une excellente réputation sur les marchés ; mais que les viticulteurs et les négociants du Midi se consolent, c'est une situation qu'ils n'ont pas créée, elle ne date pas d'hier. Un texte de Pline nous rapporte qu'à Rome on se défiait déjà de certains vins de la Gaule narbonnaise. A vrai dire, la fraude est aussi vieille que le commerce lui-même. Le législateur de tous les temps et de tous les pays s'est vu dans la nécessité de frapper de peines sévères la falsification des boissons.

Dans notre ancien droit, comme le rapporte M. Hémon dans son remarquable traité de la fraude commerciale, on punissait la falsification de la fustigation, du bannissement, d'autres peines plus sévères et même de la mort.

Une ordonnance du prévôt de Paris de 1731 défend aux cabaretiers et aux marchands de vins de détenir et de vendre des boissons frelatées et même des vins mouillés.

Après la Révolution on abandonne ces extrêmes rigueurs de notre ancien droit pénal, et le législateur de 1810 ne protège plus la santé publique par des peines spéciales qu'aux seuls cas de véritables falsifications de boissons. L'article 318 du Code pénal fait de la vente ou de la mise en vente de boissons falsifiées contenant des mixtions nuisibles à la santé un délit particulier qui est soumis à des peines plus élevées que celles de l'article 423.

Quant au falsificateur de boissons à l'aide de matières non nuisibles à la santé, il est simplement puni d'une amende de 6 à 10 francs.

Il y avait certainement là une lacune à combler. Dès 1838, la Chambre des députés fut saisie de la question. En 1848, des projets de loi sont préparés et déposés à l'Assemblée Constituante ; ils devaient devenir plus tard les lois du 27 mars 1851 et 5 mai 1855.

Mais c'est avec une grande sagesse que l'on va réglementer ces matières délicates.

L'exposé des motifs de la loi de 5 mai 1855 déclare qu'il n'est pas entré dans la pensée du légis-

lateur « d'entraver en rien et de réprimer les
« diverses opérations loyalement faites et usitées
« dans le commerce, qui consistent à couper les
« vins de diverses provenances et de diverses
« qualités, pour les améliorer, pour les conserver
« ou même pour donner satisfaction au goût du
« public ou au besoin du bon marché, soit,
« suivant l'expression usitée dans ce genre de
« commerce, à travailler les vins conformément à
« des procédés très divers, les uns très anciens, les
« autres indiqués par la science moderne, comme
« ceux de Chaptal et autres ; soit à imiter par
« diverses combinaisons les vins étrangers ».

Que les législateurs de 1894 me permettent de
le leur dire : ceux de 1855, qui déclaraient ainsi
vouloir pratiquer la tolérance dans les plus
larges limites, étaient seuls dans le vrai, car ils
avaient compris à merveille qu'en matière
commerciale, la liberté doit être la règle, et la
prohibition quelle qu'elle soit doit être interprétée
stricto sensu.

Et comme on l'a fait maintes fois remarquer,
les lois de 1851 et 1855 sont empreintes du plus
haut sentiment de l'équité, car si elles placent la

falsification au rang des délits, elles excusent le fait matériel dans lequel il n'y a pas place pour l'intention frauduleuse.

« Le juge correctionnel, dit le rapporteur, doit « apprécier les intentions, la bonne foi, les « excuses, frapper la fraude, et rien que la frau- « de. Il né punira ni les mélanges ou coupages « avoués que peuvent réclamer les services de la « consommation ou du commerce, les habitudes « locales, ou les caprices du goût. »

C'est en s'inspirant de pareils principes d'une profonde philosophie que l'on fait des lois dura- bles et non point en se laissant influencer par les intérêts immédiats, ou les pressions politiques du moment.

Quoi qu'il en soit, la question se pose sur le point de savoir : si, en soi, le fait de mélanger au vin une certaine quantité d'eau constitue à pro- prement parler le délit de falsification.

Aujourd'hui, on ne discute même plus sur ce terrain. La doctrine et la jurisprudence se sont nettement prononcées dans le sens de l'affirmative. Le principe que le mouillage est une falsification est universellement admis. Pour justifier cette opinion on dit avec le rapporteur de la loi du 25 mars 1851 : « Si le breuvage n'est pas malfaisant « d'une manière actuelle et positive, il est nui- « sible d'une façon négative en ce que le mélange « dérobe à cette boisson une partie de l'effet répa- « rateur que promettaient son nom et son prix. »

Affaiblissant les propriétés du vin on considère dès lors le mouillage comme une falsification non nuisible. De très nombreux arrêts ont consacré ce principe, notamment un arrêt du 12 juillet 1855. Dalloz, 1.353, d'autres également. Cassation, 9 octobre 1852. Cassation, 5 janvier et 2 mars 1855. Dalloz, 1855, 1.85 et 91.

L'opinion de M. Dalloz lui-même est dans ce sens :

« C'est avec raison, dit-il, que l'addition de « l'eau aux boissons ou aux aliments dans le « but d'augmenter les bénéfices de la vente est « considérée comme altération punissable ; si elle « ne change pas toujours la propriété d'une « boisson, elle l'affaiblit ; elle constitue, au « reste, comme on l'a fort bien fait remarquer,

« une tromperie sur la quantité de la marchan-
« dise, à l'aide d'un procédé tendant à en aug-
« menter frauduleusement le volume. »

A notre point de vue, cette théorie, qui semble
juste à première inspection, est un peu excessive.
Je veux bien reconnaître que le mouillage dissi-
mulé à l'acheteur peut constituer une tromperie
sur la qualité et même, si l'on veut, sur la quantité
de la marchandise; mais je me rallierai complètement à la doctrine que professe actuellement la
Cour de Cassation, à savoir que, le vendeur ayant
prévenu l'acheteur, il n'y a pas de fraude. Ah ! je
sais bien que M. Griffe va me répondre que, si le
délit n'existe plus sur la vente elle-même, le délit de
falsification n'en subsiste pas moins. Et c'est avec
le texte même de la loi du 27 mars 1851 rendue
applicable aux vins par celle du 9 mai 1855 que
l'honorable sénateur prétend triompher.

Article premier. — Seront punis de peines
portées par l'art. 423 du Code pénal :

1° Ceux qui falsifieront des substances ou
denrées alimentaires destinées à être vendues.

2° Ceux qui vendront ou mettront en vente des substances ou denrées alimentaires qu'ils auront falsifiées ou corrompues.

3° Ceux qui auront trompé ou tenté de tromper l'acheteur sur la quantité des choses livrées, etc...

ARTICLE 2. — Si, dans les cas prévus par l'article 423 du Code pénal « ou, par l'article 1er de « la présente loi, il s'agit d'une marchandise « contenant des mixtions nuisibles à la santé, « l'amende sera de 50 à 500 francs, l'emprison- « nement de 3 mois à 2 ans ».

Le présent article sera applicable même au cas où la falsification nuisible serait connue de l'acheteur ou du consommateur.

Et M. Griffe de s'emparer de ces textes et de conclure : Mais il y a trois délits bien distincts :

1° La falsification.

2° La détention de l'objet falsifié.

3° La vente.

Que la vente ne soit plus frauduleuse par ce fait que le vendeur a prévenu son acheteur, je vous le concède, dit M. Griffe, mais les deux autres délits existent toujours, se hâte-t-il d'ajouter en s'appuyant, lui aussi, sur la déclaration du rapporteur de la loi de 1851.

Puis il en tire immédiatement cette conséquence que la législation actuelle est très suffisante pour réprimer le délit de falsification par le mouillage et qu'il n'est nécessaire que de donner des instructions aux Parquets pour qu'ils poursuivent sur-le-champ sans qu'il soit nullement besoin d'un texte nouveau.

Le Gouvernement répond à M. Griffe, qu'en présence des précautions prises par les débitants, de prévenir les consommateurs que leurs vins sont additionnés d'eau, les Cours et Tribunaux ne veulent pas condamner, et qu'afin de les y contraindre, il faut une loi nouvelle. Bien que nous n'acceptions pas la thèse de droit soutenue par l'honorable M. Griffe, et que nous estimions que celle présentée par le Gouvernement lui est de beaucoup préférable à tous égards, nous devons convenir pour les raisons que nous allons développer, que nous préférons que la loi ne soit pas votée.

Mais, dit-on, le mouillage a des inconvénients considérables :

1° Il cause un grand préjudice à la production.

2° C'est un moyen de fraude qu'emploie le débitant au préjudice du consommateur.

3° Il porte préjudice aux finances des communes d'abord, de l'État ensuite.

Nier qu'il n'y ait une grande part de vérité dans les reproches adressés au mouillage serait ne pas vouloir reconnaître l'évidence même.

Malheureusement, il existe un état de choses que l'on ne peut subitement changer.

Le consommateur a pris la coutume de payer le vin un certain prix, et l'application de cette loi sur le mouillage aura pour conséquence de faire augmenter les prix, si l'on contraint le débitant à ne vendre que du vin de raisin frais. Il faudra donc, pour rétablir les cours, un autre changement dans la situation. Et ce qui apparaît comme le corollaire nécessaire, indispensable, de cette loi sur le mouillage, c'est la suppression des octrois.

L'honorable M. Salis, dans son discours à la Chambre des députés, à la séance du 6 mars, a fort bien montré cette nécessité.

« En ce qui concerne la suppression des taxes
« d'octroi sur les vins, j'estime que c'est là une
« des conditions essentielles vraiment indispen-
« sables pour venir en aide à la viticulture
« malheureuse. Si le vin ne se vend pas, si la
« mévente bat son plein, si elle arrive à un état
« de crise aiguë, c'est parce que le producteur ne
« trouve pas le moyen d'écouler facilement son
« vin, à raison des barrières intérieures qui s'op-
« posent à son accès dans les villes. Il importe
« donc que cette question des octrois soit dis-
« cutée immédiatement. Ce sont les ennemis les
« plus terribles de l'écoulement de la récolte ; il
« faudra donc les abolir. Mais j'entends bien l'ob-
« jection ; on me dit déjà : Ce sera très difficile ;
« il y a des villes qui ont gagé des emprunts sur
« les octrois et il n'est pas possible de supprimer,
« dès à présent, immédiatement, les taxes d'oc-
« troi. »

Mais alors l'honorable député propose une combinaison que l'on a qualifiée d'ingénieuse et qui consisterait à faire payer le plein droit aux vins pesant 15°9 et de diminuer le droit d'un franc 25 centimes par degré, c'est-à-dire que le vin pesant 14°9 paierait le plein droit moins un franc 25 centimes et ainsi de suite.

Ce serait, à coup sûr, sinon un remède radical, tout au moins un vigoureux palliatif.

Et à parler franc, il eût été beaucoup plus logique de trancher auparavant la première question, avant de déposer le projet de loi sur le mouillage. Ce projet est ainsi conçu :

ARTICLE UNIQUE

L'article 1er de la loi du 5 mai 1855 est complété ainsi qu'il suit :

« Si, dans les cas prévus par les paragraphes
« 1 et 2 de l'article 1er de la loi du 27 mars 1851, il
« s'agit de vin additionné d'eau, les pénalités
« édictées par l'article 423 du Code pénal et de
« la loi du 27 mars 1851 seront applicables, même
« dans le cas où la falsification par addition
« d'eau serait connue de l'acheteur ou du con-

« sommateur. Cette disposition n'entrera toute-
« fois en vigueur qu'un mois après la promulga-
« tion de la présente loi. »

Fait à Paris, 30 janvier 1894.

Signé : CARNOT.

DUBOST.

BURDEAU.

VIGER.

MARTY

On imagine aisément l'émotion que devait causer dans le monde vinicole le dépôt de ce projet
de loi.

De nombreuses protestations furent pré-
sentées aux députés de Paris par l'Union et la
Chambre syndicale des marchands de vins, et de
plus vives encore par l'Union syndicale des débitants plus directement intéressée.

La ligue des contribuables et des consommateurs, réunie sous la présidence de M. Yves
Guyot, après avoir examiné le projet de loi de
M. le Garde des sceaux, a même adopté l'ordre
du jour suivant :

« Considérant que le principe de la liberté du
« travail et du commerce implique la liberté de la
« production et de la vente ; que l'accord du ven-
« deur et de l'acheteur est la loi des parties ; que
« les lois de 1851 et de 1855 et le projet actuel
« sur le mouillage sont la négation de ces prin-
« cipes ; que l'inexécution par une des parties
« des obligations civiles ou commerciales ne doit
« avoir pour sanction que des dommages-inté-
« rêts ; réclame le retour au principe de l'article
« 423 du Code pénal avec cette réserve qu'une
« sanction pénale ne doit intervenir que lorsque
« la tromperie sur la marchandise vendue est
« accompagnée de manœuvres frauduleuses. »

C'est peut-être aller un peu loin, mais à coup
sûr une législation basée sur ces principes serait
beaucoup plus conforme aux grandes idées de la
liberté que nous ont léguées nos ancêtres de la
Révolution, et que quelques hommes politiques,
comme Gambetta, ont recueillies avec un soin ja-
loux comme le plus précieux de leur héritage.
Le seul danger que nous y verrions, c'est que le
principe de la liberté absolue du travail, du
commerce, de la production et de la vente arri-

verait nécessairement à faire évincer les pouvoirs publics du droit de tout contrôle et de toute surveillance, et cependant, il faut bien le reconnaître, cela est nécessaire ; nous ne sommes pas encore assez mûrs pour ces idées-là.

On peut même avouer sincèrement que le nouveau projet de loi s'en éloigne tout à fait.

L'exposé des motifs de ce projet s'exprime ainsi au sujet du mouillage :

« Cette pratique, qui entraîne les conséquences
« les plus préjudiciables tant au point de vue des
« producteurs de vins qu'au point de vue des
« finances de l'État et des communes, constitue
« en outre, dans bien des cas, un moyen de
« fraude à la disposition du vendeur. Quel que
« soit, en effet, le procédé employé par le mar-
« chand ou par le débitant pour faire connaître
« à l'acheteur ou au consommateur que le vin a
« été additionné d'eau, l'acheteur ou le consom-
« mateur se trouve dans l'impossibilité de vérifier
« la proportion dans laquelle ce mouillage a été
« opéré et de contrôler la véracité des allégations
« du vendeur. L'acheteur est ainsi impuissant à

« se défendre contre la fraude toujours possible
« de la part du vendeur.

« En présence de cette situation, le Gouverne-
« ment a pensé qu'il y avait lieu d'insérer dans
« l'article 1er de la loi du 5 mai 1855 une disposi-
« tion additionnelle aux termes de laquelle la
« falsification du vin par addition d'eau est
« punissable lors même qu'elle aurait été con-
« nue par l'acheteur ou par le consommateur. »

Donc, protection quand même, la falsification
par addition d'eau même connue de l'acheteur
est un délit. Eh bien, cette opinion qui fait table
rase de la doctrine et la jurisprudence actuelles
est en complet désaccord avec ce principe indes-
tructible de notre droit pénal : qu'il faut dans
tout délit une intention frauduleuse. Le fait seul
de mélanger de l'eau au vin, ou d'avoir dans sa
cave du vin mouillé, deviendra le délit de
falsification puni dès lors par la loi de 1894.
Tout ceci nous paraît bien rigoureux à la vérité
et il peut être juste de penser que c'est moins le
légitime désir de protéger le consommateur, qui,
d'ailleurs, ne se plaint pas, que de défendre les

intérêts de la viticulture et du Trésor, qui pousse le Gouvernement à soutenir le projet de loi.

Et, s'il en est ainsi, n'est-ce pas un peu jouer sur les mots que de considérer le mouillage comme une *falsification* ?

C'est M. le Ministre de la justice lui-même, celui de 1851, qui va nous fournir la réponse.

Voici, en effet, comment il s'exprimait dans la séance du 26 mars 1851, présidée par M. Daru :

« Je demande pardon d'insister sur une dis-
« cussion qui prend un caractère grammatical.
« Quant à moi, je n'admets pas que les vins
« falsifiés soient des vins dont le mélange soit
« complètement innocent.... Tout le système
« de l'article 423 ne peut s'appliquer à des
« mixtions innocentes. Il n'y a pas falsification
« quand la mixtion est innocente ou insigni-
« fiante. »

Nous avons vu que, contrairement à cette opinion, la jurisprudence avait rangé le mouillage, encore que cela soit fort discutable, parmi les falsifications non nuisibles.

De sorte que, si l'on veut bien un instant supprimer cette jurisprudence avec la même facilité employée d'ailleurs par le nouveau projet, pour supprimer celle qui déclare que le mouillage avoué n'est pas un délit, on arrivera à conclure aisément : Qu'au point de vue juridique, la nouvelle loi ne tranchera pas nettement la question. En effet, les tribunaux jugent et condamnent sur des textes ; aussi dans notre espèce, seront-ils forcés, d'après la loi nouvelle elle-même, de viser les lois de 1851 et 1855 ; et en conséquence, il est facile de se rendre compte d'après les extraits cités plus haut, qu'on va les mettre dans cette douloureuse situation de prononcer une condamnation absolument contraire à l'esprit des lois visées dans le jugement.

Cela est si vrai, que j'en veux donner une dernière preuve par un court passage du deuxième rapport, lu par M. Riché, représentant du peuple, dans la séance du 25 février 1851 :

« Bien des vœux ont été formés pour améliorer
« la discipline du commerce, mais il ne faut pas
« oublier que la loi ne doit pas et ne peut pas

« dispenser l'acheteur de toute intelligence et de
« toute attention, qu'aucune transformation ou
« modification sincérement avouée, acceptée et
« non dommageable pour la santé, ne peut être
« prescrite sans péril pour la liberté et le pro-
« grès. »

En sorte que la première et la plus grande
critique que l'on puisse faire de la loi nouvelle,
c'est qu'au lieu de réglementer une matière délicate et complexe ; au lieu de faire disparaître
un manque regrettable d'homogénéité dans la
législation, critiques déjà adressées à la loi de
1851, le législateur de 1894 ne fait qu'ajouter un
texte et augmenter le dédale de nos lois, en at-
tendant une refonte absolument indispensable
pour la clarté et la saine application de la loi.

Et, puisqu'il faut en venir à examiner briève-
ment comment on appliquera cette loi sur le
mouillage, on doit convenir que ses plus chauds
défenseurs au Parlement semblaient ne conserver aucune illusion sur les difficultés qui se
hérissent déjà avant que la loi soit née.

Si bien, il apparaît à tous, que le deuxième

reproche qu'on puisse diriger contre cette loi, c'est, et ceci est très grave, de livrer sans un contrôle scientifique absolument certain le prévenu de falsification aux dangers d'une poursuite correctionnelle.

Nous savons par expérience que ceux qui ont le noble ministère de requérir des peines, le font avec prudence et loyauté ; et que, lorsqu'il y a un doute, ils n'hésitent pas à abandonner la prévention.

Un commerçant condamné par le tribunal correctionnel est acquitté par la cour de Nancy en ces termes, qu'on ne répétera jamais de trop.

« Attendu que, si le devoir de l'Administration
« est de rechercher avec vigilance, comme elle
« l'a fait, toutes les infractions qui touchent à la
« santé publique et à l'alimentation des classes
« pauvres, celui des magistrats est d'apprécier,
« sans se *laisser entraîner* aux *préoccupations du*
« *moment,* si les faits dénoncés rentrent dans
« l'application des lois spéciales. »

Aussi, nous ne doutons pas qu'avant de pro-

noncer une condamnation, les tribunaux s'a-
dresseront à la science pour édifier leur religion.
Mais, est-il possible aux chimistes de se prononcer d'une façon péremptoire ? Les uns l'affirment,
d'autres sont moins confiants. Hippocrate dit
blanc, Galien prétend noir. Cependant, le Comi-
té des Arts et Manufactures a publié une ins-
truction officielle qui indique la façon de déter-
miner le mouillage.

Dans les vins normaux, la somme de l'alcool
pour cent, au volume, et de l'acidité par litre, au
poids, n'est, dit-on, *presque jamais* inférieure à
$12°5$.

Si donc j'ai un vin titrant $8°2$ et dont l'acidité
est représentée par 3,5, le total est de $11°7$; donc,
vin mouillé.

Mais alors, une autre fraude peut s'effectuer,
qui consiste à augmenter d'abord l'alcool du vin
et puis à mouiller ensuite. Une autre méthode
est prescrite pour trouver la suralcoolisation qui
a pour but de rechercher le rapport de l'extrait
sec à l'alcool, en ayant pour base : que le rapport
normal est 4,5.

Tous ces procédés sont empiriques et ne peuvent nous conduire, au point de vue légal, qu'à des présomptions de fraude qui ne sont pas suffisantes pour rassurer complètement la conscience du juge.

Nous craignons que la loi de 1894 ne fasse courir au commerce de vins, et tout spécialement aux débitants, de trop réels dangers. Un régime de mesures vexatoires et inquisitoriales va de nouveau s'établir, en même temps qu'on verra s'ouvrir l'ère des dénonciations anonymes ; tout ceci est très regrettable. On trouvera peut-être encore le moyen de tourner la loi, mais nous savons trop le respect que nous lui devons pour en donner ici le conseil.